Would You Rather for Teens

The Ultimate Game Book For Teens

How To Play

Step 1

Split into two teams whether that be boys vs girls, kids vs parents, or any mix of your choice. If possible, also assign one person as a referee.

Step 2

Decide who gets to go first. Which team can do the most pushups? Which team can guess the number between 1 and 10 from someone not playing the game? Or just some good old fashioned rock paper scissors?

Step 3

The starting team has to ask a question from the book and the opposing team has 10 seconds to not only choose an option but to also give a meaningful reason as to why they chose what they did. The referee decides whether the answer is acceptable.

Step 4

The team can discuss their answer together but only one player can give the answer. The person answering has to alternate every turn.

Step 5

If the player who is answering can't choose or give a good reason then that player is out for the game and can't answer anymore or be involved in the team discussion.

Step 6

Repeat until all players are eliminated.

Would you rather...

*Fight Mike Tyson once **OR** talk like him forever?*

Would you rather...

*Have your employer **OR** your parents go through your texts?*

Would you rather...

*Be a superhero **OR** a wizard?*

Would you rather...

*Have the ability to become invisible **OR** read minds?*

Would you rather...

*Sound like Mickey Mouse **OR** Donald Duck?*

Would you rather...

*Have super strength **OR** the ability to shapeshift into different animals?*

Would you rather...

Get even but never get over it **OR** *get over it but never get even?*

Would you rather...

Have your breath smell like a fart **OR** *your laugh sound like a fart?*

Would you rather...

*Go to the Moon **OR** to Mars?*

Would you rather...

*Have everyone laugh at your jokes but not find anyone else's funny **OR** find everyone's jokes funny but have no one laugh at your jokes?*

Would you rather...

*Be an amazing painter **OR** an amazing mathematician?*

Would you rather...

*Be held in high esteem by your friends **OR** family?*

Would you rather...

*Lose all your memories from birth to now **OR** lose the ability to form new ones?*

Would you rather...

*Be able to control machines **OR** animals with your mind?*

Would you rather...

*Have huge hands **OR** huge feet?*

Would you rather...

*Have your food not be salty enough **OR** be too salty?*

Would you rather...

*Be able to control fire **OR** water?*

Would you rather...

*Loved but not feared **OR** feared but not loved?*

Would you rather...

Die in 20 years with no regrets **OR** *in 40 years with regrets?*

Would you rather...

Be able to teleport but be poor **OR** *have 10 million dollars?*

Would you rather...

*Have a terrible job but be able to retire within 5 years **OR** have a great job but retire in 25 years?*

Would you rather...

*Discover a new planet **OR** find the cure to a disease?*

Would you rather...

*Have the public be proud of you but your family think you're horrible **OR** vice versa?*

Would you rather...

*Live far away from civilization **OR** in civilization but as a homeless person?*

Would you rather...

*Have your shirts be two sizes too big **OR** one size too small?*

Would you rather...

*Be famous when you are alive but forgotten when you die **OR** vice versa?*

Would you rather...

*Have 3 kids and $30,000 **OR** not have the ability to have kids but have $3,000,000?*

Would you rather...

*Be able to talk your way out of any situation **OR** fight your way out?*

Would you rather...

*Have free Wi-Fi wherever you went **OR** free coffee?*

Would you rather...

*Know how you will die **OR** when you will die?*

Would you rather...

*Date someone that gets along with your friends **OR** family?*

Would you rather...

*Be the hero **OR** the villain?*

Would you rather...

*Date someone who is ugly but has a great personality **OR** someone who is good looking but has a bad personality?*

Would you rather...

*Have great friends **OR** a great significant other?*

Would you rather...

*Have a missing finger **OR** two extra fingers?*

Would you rather...

*Have a photographic memory **OR** a high IQ?*

Would you rather...

*Have to grow and hunt your own food **OR** eat only pop tarts for the rest of your life?*

Would you rather...

*Get stuck in traffic whenever you drove **OR** always have a very slow internet connection?*

Would you rather...

*Sound like Jar Jar Binks **OR** Porky Pig?*

Would you rather...

*Have 2 lazy eyes **OR** get a nosebleed at every embarrassing moment?*

Would you rather...

*Drink all the unfinished drinks at the end of a party **OR** eat all the unfinished food?*

Would you rather...

*Eat a small can of dog food **OR** drink a glass of 1 week expired milk?*

Would you rather...

*Be creatively intelligent **OR** technically intelligent?*

Would you rather...

*Get a papercut whenever you turned a page **OR** bite your tongue once every meal?*

Would you rather...

*Be famous **OR** powerful?*

Would you rather...

*Find true love but be poor **OR** never find true love but be rich?*

Would you rather...

*Be a famous athlete **OR** a famous movie star?*

Would you rather...

*Have your first child at 18 **OR** 40 years old?*

Would you rather...

*Live in the desert **OR** the mountains?*

Would you rather...

*Would you rather be a gold medalist Olympian **OR** a Nobel Prize winning scientist?*

Would you rather...

*Live in solitary as a monk **OR** as a famous person always followed by the paparazzi?*

Would you rather...

*Hear good news first **OR** bad news?*

Would you rather...

Have your neighbours be nosy **OR** *noisy?*

Would you rather...

Go into the past and meet your ancestors **OR** *go into the future and meet your great-great-great grandchildren?*

Would you rather...

*Travel back in time **OR** forward?*

Would you rather...

*Have no exams **OR** no homework?*

Would you rather...

*Miss your grad **OR** your prom?*

Would you rather...

*Be the youngest **OR** oldest child in the family?*

Would you rather...

*Have green **OR** blue eyes?*

Would you rather...

*Be able to only use to your phone **OR** your computer?*

Would you rather...

*Constantly be sneezing **OR** itching?*

Would you rather...

*Have a strange laugh **OR** strange smile?*

Would you rather...

*Lose your hair **OR** your teeth?*

Would you rather...

*Snore **OR** talk in your sleep?*

Would you rather...

*Give up dinner **OR** breakfast?*

Would you rather...

*Get a terrible gift for your birthday **OR** no gift at all?*

Would you rather...

*Give up Snapchat **OR** Instagram?*

Would you rather...

*Have your parents be strict **OR** nosy?*

Would you rather...

*Be stuck in a room with an alligator **OR** a lion?*

Would you rather...

*Have to live with Mom **OR** Dad?*

Would you rather...

Smell like sour milk for a week **OR** *drink a glass of it?*

Would you rather...

Be buried alive **OR** *burnt alive?*

Would you rather...

*Be a straight A student **OR** be the captain of a sports team?*

Would you rather...

*Have to pet a Silverback Gorilla **OR** a Bengal Tiger?*

Would you rather...

*Have to work as a clown for 2 years **OR** be homeless for 6 months?*

Would you rather...

*Be Batman **OR** Superman?*

Enjoying the book so far? Let us know what you think by leaving a review!

What has been your

favorite question from the

book thus far?

Would you rather...

*Always be hot **OR** cold?*

Would you rather...

*Be very overweight **OR** very hairy?*

Would you rather...

*Be telekinetic **OR** telepathic?*

Would you rather...

*Have Godzilla on your side **OR** King Kong?*

Would you rather...

*Be the best player on a losing team **OR** the worst player on a winning team?*

Would you rather...

*Sing **OR** dance in front of a big crowd?*

Would you rather...

*Give up pizza **OR** ice cream?*

Would you rather...

*Be an only child **OR** have 10 siblings?*

Would you rather...

*Eat a stick of butter **OR** a tablespoon of cinnamon?*

Would you rather...

*Live in ancient Rome **OR** Greece?*

Would you rather...

*Give out bad advice **OR** receive it?*

Would you rather...

*Play but always lose **OR** never play at all?*

Would you rather...

*Drink orange juice **OR** apple juice?*

Would you rather...

*Make a small difference in the lives of 5 people **OR** a big difference in the life of 1 person?*

Would you rather...

*Clean your house with a toothbrush **OR** mow the lawn with scissors?*

Would you rather...

*Give up movies **OR** video games?*

Would you rather...

*Be an adult forever **OR** a kid?*

Would you rather...

*Be able to wear only pajamas **OR** only suits?*

Would you rather...

*Be popular **OR** smart?*

Would you rather...

*Be forgotten **OR** remembered in a bad way?*

Would you rather...

*Do 50 pushups **OR** 50 situps?*

Would you rather...

*Be the star of a basketball team **OR** football team?*

Would you rather...

*Bike for 60 miles **OR** run for 10 miles?*

Would you rather...

*Master the piano **OR** violin?*

Would you rather...

*Have super speed **OR** super strength?*

Would you rather...

*Give up texting **OR** calling?*

Would you rather...

*Eat a whole habanero pepper **OR** 4 full sized burgers in an hour?*

Would you rather...

*Work 80 hours a week and make $1,000,000/year **OR** make $60,000/year doing nothing?*

Would you rather...

*Work at a job you love and be poor **OR** be rich working a job you hate?*

Would you rather...

*Give up transportation **OR** the internet?*

Would you rather...

*Always be farting **OR** burping?*

Would you rather...

*Cure all diseases from the world **OR** end hunger?*

Would you rather...

*Invent a new gadget **OR** discover a new scientific theory?*

Would you rather...

*Forget everyone in your life **OR** forget yourself?*

Would you rather...
*Live under the ocean **OR** out in space?*

Would you rather...

*Watch a movie without sound **OR** listen to it?*

Would you rather...

*Be stuck in a jungle **OR** in a desert?*

Would you rather...

*Look like Trump **OR** talk like him?*

Would you rather...
*Be super scared of blankets **OR** pillows?*

Would you rather...

*Clean a toilet with your hand **OR** lick a dirty floor once?*

Would you rather...

*Leave a booger on your face for a day **OR** eat it?*

Would you rather...

*Have your farts be loud but not stinky **OR** silent but deadly?*

Would you rather...
*Quit Instagram **OR** Twitter?*

Would you rather...

*Only be able to receive texts **OR** send them?*

Would you rather...

*Really long nose hair **OR** armpit hair?*

Would you rather...

*Have your salary increased **OR** the number of hours lowered for the same pay?*

Would you rather...
*Never be able to play sports **OR** never be able to watch them?*

Would you rather...

*End all wars **OR** hunger?*

Would you rather...

*Own a Ferrari **OR** Lamborghini?*

Would you rather...

*Quit using all paper products **OR** plastic products?*

Would you rather...
*Skip your birthday **OR** Christmas?*

Would you rather...

*Be a girl **OR** a guy?*

Would you rather...

*Spend a day without your phone **OR** without seeing anyone?*

Would you rather...

*Give up the microwave **OR** the stove?*

Would you rather...
*Give up heating **OR** air conditioning?*

Would you rather...

*Be a famous rapper **OR** actor?*

Would you rather...

*Have bad dandruff **OR** not be able to wear deodorant?*

Would you rather...

*Have sweaty armpits **OR** constant hiccups?*

Would you rather...
*Give up salty **OR** sweet food?*

Would you rather...

*Break anything you touched **OR** get shocked whenever you touched something?*

Would you rather...

*Be Instagram famous **OR** YouTube famous?*

Would you rather...

*Have 10 kids **OR** none at all?*

Would you rather...

*Die at 60 with no regrets **OR** at 100 with regrets?*

Would you rather...

*Have a nice house **OR** nice cars?*

Would you rather...

*Go on a double date with your parents **OR** fart really loud in the middle of your date?*

Would you rather...

*Forget your date's name **OR** call your date by your ex's name?*

Would you rather...
Always blurt out something embarrassing in a conversation **OR** *smell bad?*

Would you rather...

Date someone 3 feet shorter **OR** *taller than you?*

Would you rather...

*Have your skin be covered in fish scales **OR** bear fur?*

Would you rather...

*Go to jail for a year **OR** die one year earlier?*

Would you rather...
*Have looks **OR** personality?*

Would you rather...

*Have free airplane tickets **OR** free food forever?*

Would you rather...

*Have to move to a new city every year **OR** be stuck in the same city forever?*

Would you rather...

*Use lemon eyedrops **OR** sandpaper toilet paper?*

Would you rather...
*Give up hot showers **OR** hot food?*

Would you rather...

*Only be able to shout **OR** whisper?*

Would you rather...

*Give up talking to humans **OR** give up electronics?*

Would you rather...

*Go to a big party **OR** a small get together?*

Would you rather...

*Only be able to take ice cold showers **OR** shower normally only once a month?*

Would you rather...

*Pee your pants in public **OR** not brush your teeth for a week?*

Would you rather...

*Give up music **OR** TV?*

Would you rather...

*Not be able to ask questions **OR** answer them?*

Thank you for reading! If you enjoyed the book, leave us a review and let us know what you liked or what you would like to see next.

As a special bonus, enjoy this exclusive preview of one our other popular titles!